諷詩調集

요즘 세상

추 영 주

지성 · 감성의 메타언어
조선문학시인선 · 280

諷詩調集

요즘 세상

조선문학사

책머리에

유난히 염제와 물난리로 어수선 했던 계절이 물러서고 가을이 성큼 다가왔다. 힘겨운 연옥살이가 지겨웠던지 아름다운 단풍을 볼 수 있을 것이란 소식에 벌써부터 마음이 달뜬다.

세상은 사사건건 풀리지 않는 의문투성이의 골칫거리로 남아 있고, 거기에 부정 부패 악행 부조리가 만연해 정직하게 살아가는 이들의 삶마저 회의를 느끼게 한다.

다행이랄까, 이를 비판・고발하며 개선하고자 하는 새로운 시법인 순수한 통징의 감행을 통해 체한 듯한 마음과 가슴을 카타르시스 할 수 있어 시원함을 맛보곤 했다.

이번 시집 『요즘 세상』은 바로 순수한 통징으로 얻어진 나름대로의 시작업의 결과다. 그 때문에 비꼬고, 헐뜯고, 깎아내리는 등 諷詩調의 역할에 충실하고자 노력했다.

내 딴엔 공평하고 거짓 없는 세상이 되었으면 하는 바람 때문이었고, 그 바람 벗하면서 시를 쓸 수 있다는 감사를 잊지 않고 살아가고 있다.

끝으로 지켜보며 박수를 보내준 가족들에게 사랑과 감사를 전한다.

2010년 仲秋에

추 영 주

추영주 諷詩調集

요즘 세상

차례

法頂 스님의 말씀

마음 닦으면 다이아몬드

닦지 않으면 숯덩이

숯과 다이아몬드는 같은 탄소이지만 빛과 암흑이지

査察이냐 寺刹이냐

의원님들끼리 서로 조사하기
그것도 모자라 부인들 뒤까지 캐다니
놀랍군, 寺刹이라기에 절에 가는 줄 알았더니 등뒤 살피기라니

文字 구별

현역 검사님이 글씨만으로 친일파 색출한다는데
옛 부터 글씨는 쓰는 이의 마음이라 했거늘
마음 아닌 거짓말 진술서는 뭐라 해야 좋을꼬

2010년의 화두

원전 수출도 좋고
신종 플루 박멸 대환영, 통일은 더 좋아
허나 제일 좋은 금년의 화두는 사회 통합

요즘 세상

권세도 5년 이상 못 버티고
꽃도 5일은 더 못 버텨
그래서 빨리 빨리 요즘 세상사

어리석은 사람

원래 깊은 바다엔 파도가 없고
연소 100% 불에는 연기가 없듯이
부처님을 마음에 얹고 부처가 없다고 찾아 해매는 구나

어느 시인 선생님의 소묘

스승의날 받은 6000원

감격한 스승 학급문고에 받은 것보다 더 많은 돈 희사

섬진강 물결보다 더 파란 물결 빛나라

좌우

새가 어느 한쪽 날개가 아닌 양쪽 날개로 날듯이
내가 옳고 네가 그르다로 한쪽 날갯짓만 하지 말고
서로의 의견 존중하고 합해서 나아가야 하지 않겠소

꼴찌 면하는 것도 있군

한국 2030년에 세계 4대 노인국가 된다구요
오래 살고 보니 꼴찌 면하는 것도 있긴 있군
큰 대업에 내가 한 몫 한다니 웃어야 할지 울어야 할지

금값이 금값

세계 투자 지금 금으로
1온스(2.8g) 1.243(불) 이자 붙지 않고 보관 힘들어
5만원 권이 금값이지, 10만원 권 나올까 무서워 떨고 있지

할머니의 짝사랑

금이야 옥이야 키운 손자 녀석에게 무엇 하니 금아
나 무지 바빠 학원 가야해 딸깍……
닫히는 문 바라보며 짝사랑 섭섭증

이것 다 뻥이지요

손자놈 돈키호테를 읽다가
할머니 이것 다 뻥이지요?
뻥이 없으면 이 세상 허무해 살맛이 없제

8월

8월이 옆으로 누우면 ∞ 아이들 머리 리본 같기도 하고
無限大의 표시이기도 하여 누워 있기가 두렵다
더구나 불볕 연옥이 아니던가, 연옥에 잠들 수는 없지

무사 안일

태어날 때 축복받듯이 죽을 때도 안일하기 원하거늘
우리 국군 건아들 낡은 초소에 깔려 목숨 잃다니
국민 세금 지출 명세표 냉큼 내어 놓으시오

SOS

수명은 하루하루 저 세상 향해 가고 있고
죽을 땐 功德만을 가지고 간다는데
저승사자 찾았을 땐 누구에게 SOS 쳐야 합니까

슈퍼우먼 오은선

여성 세계 최초 히말라야 14좌 완등
150cm단신이 유리할 때도 있었구먼
작은 고추가 맵다는 말 남녀공용일세 그려

금메달 오은선

인수봉에 심은 꿈 히말라야 8000m에 꽃 피워
KBS HD TV 생중계 후속 폭풍에도 끄떡없어
우리도 한가지쯤 세계 1등 해야 체면 안 서겠나

한국의 아버지들

초등학생에게 묻자 아버지는 회색 빛깔
엄마들 왈 다시 태어나도 3%만 재회하고 싶다나요
이 땅의 아버지들, 조상님들 통곡하겠네

갈등

사회적 갈등 해소에 GDP 27% 쓴다고
새끼 밥 해결만 해도 행복했던 시절 어디 가고
고학력 고수입 빈부갈등 가정갈등은 반비례 하는 모양

5월 11일 입양의 날

고추 달고 나오는 날 그렇게도 좋아했던 어르신네들
입양아는 남자보다 여자를 선호한다나요
여자라서 좋은 점도 있네요 세월 탓 아닐까요?

다른 것과 같은 것

북부에 있는 탱자가 남부에 가면 귤이 된다
한 가지 분명한 것은
봄이 되면 모두 똑같이 꽃을 피운다는 것

20대의 고민

취업, 결혼, 돈

불안 때문에 오는 불황

더욱 겁나는 것은 가치관의 不在?

사장님의 거짓말

연락할게, 월급 많이 줄게
우리 가게는 정말 가족적이야
헌데 虛辭이니 이를 어찌해

2010401

옛날 만우절엔 가벼운 거짓말로 즐겼는데
요즘 하도 거짓말이 남발되는 '시대'여서
천안함 문제로 가벼운 거짓말조차도 '가슴' 내려 앉아

백수 400만 시대

이명박 정부 3년차
처음부터 일자리 창출 내 세운 것 아니었던가요
한데 궁금한 건 힘쓰는 것인지 안하는 것인지 말 뿐인 건지

반값 등록금

2012년 대통령에 당선되려면
국책 공사금 아껴 '대학등록금 반값' 구호 내세우면
당선은 따 놓은 당상인데 그걸 모르시니

나랏님

경제 살리기로 '당선된' 나랏님 벌써 잊었소
잘 사는 이 감세로 재벌 천국 만들 작정하였소
어찌 '일 년 반'만에 '서민 가슴 멍들이는' 일하셨소

감세 정책

배고픈 것 참아도 배 아픈 것은 못 참는다 했던가
가진 자만 배 불리다가 펑하고 터지지 말고
민초들 고파 아픈 배 쓰다듬을 줄 알아야

청개구리

국민 70%가 반대하는 세종시 만들기 고집
재벌편 들어주기란 걸 세상이 다 아는 일을
정작 당신들은 왜몰라, 중소기업 도와주면 일자리 절로 생길 걸

경부 고속 철도

침목 15만개 불량
제품 검사 현장 감리 국민 생명 깡그리 무시
아예 철도 시설공사 싹둑 잘라버리면 어때?

황사

황사병엔 삼겹살이 제일이라고요?
목캔디도 한 몫 보고 공기청정기도 톡톡히 한 몫 본다던데
어쩌죠? 삼겹살은 중금속 해독제라면서요

물난리 재해

해마다 연중행사 1호 물난리
도로, 수로, 똑바로 못내는 윗동네 나으리들
언제쯤 백성들 울화통 풀어 解災될 물길은 트일지요

3겹살 day

음악과 연주와 공감이라는 3박자

3각형, 3각 구도사진, 33천, 33종, 33인 독립투사

3월삼짇날 쑥떡먹기 그 고운말 두고 꼬부랑혀 3겹살day라니요

일급수 눈물

하수도가 막히면 역류하듯
적으면 안구 건조증, 많으면 눈에 염증 생겨 합병증
눈물도 질이 제일이라던데 일급수는 언제 공급 받나요?

박람회

눈물 박람회 눈 건강 캠페인 등 요란한 구호
많아도 탈, 적어도 탈인 눈물
일급수는 눈물이 제일, 인공 눈물은 10분 효과라나요

천안함 침몰

전시라면 초를 다투는 법
첨단기술 시대에 보고 시간 애매, 지휘부정확, 응원대 늑장
실전이었더라면 46위 희생만으로 어림없었제

김정일의 肝

평양에 미싱 몇 대 갔다 놓지 말고
三星이나 코스코, 들어와라 고요요요
肝이 배 밖으로 나와 몰래 이북에서 중국 행차 했나?

대한민국 曰

다음날 평양에서 손내어 밀면
중국 대 한국 50 대 50
합작으로 들어가 볼까 말까?

IT 시장

일본은 도망 오고
중국은 쫓아오고
그까짓 쫓아오는 중국 우리 것으로 만들어 버려!

비행기 사고 생존자

대형 비행기 사고시 한 사람 생존
후미에 있거나 어린이가 대부분이라고요
하늘도 순수한 영혼 알아보는 갑제!

국회 · 1

대한민국 국회는 싸움꾼만 뽑는지
분명 머리 숙여 부탁 할 때는 어진 양이더니
그 놈의 텃자리가 싸움터인지 치고 박고 야단 법석

국회 · 2

비정규직 문제 해결놓고 다투는 국회
의원님네 직계가족 문제였더라면
일사천리 방망이질 뚝딱딱 세번 쳤을 것을 순 남의 일이라서

청문회 · 1

위장 주민등록은 엄연한 위법인데
법을 어기는 사람 당당하게 입성
능력만 있으면 된다고요? 언제적 도덕성인데 그걸 따지냐고요

청문회 · 2

으레 기억나지 않아요는 무사통과
맹모삼천은 들었다마는
새 풍속도 公父 삼천은 위장주민등록이 만든 신어

입학사정관제

자기 환경 극복 잠재력 있는 학생 뽑기
시험도 없이 학생을 뽑는다니 학생 천국 좋네마는
공정성 못 살리면 거꾸로 천국 아닌 지옥되제

두 나라당이 된 한나라당

차기 대통령 후보 표만 쫓지 말고
국정 운용 성공이 목적이지만 실패하면 같이 책임지는 법
침묵 지키는 것만이 능사는 아닐 듯

선거의 묘미

6·2 지방 선거 한나라당 완패
7·28 재보선 민주당 완패
집권당 기살고 민주당 기죽고, 정치란게 원래 뒤웅박팔자라서

나랏님이여

백성의 입을 막기란 깊은 강물 막기보다 힘 드는 법
4대강 보로 물 가뒀다가 터지면 입도 봇물 안 될까
백성의 충고 귀 기울이면 봇물은 면할텐데

민심은 정치의 마지노선이다

민심은 물과 같아 배를 띄울 수도 있고
배를 엎을 수도 있지
이걸 알아야 나라 잘 다스리는 나랏님이 되는 것을

집안싸움

친박계 이박계 뿌리 같은 혈통인데
물어뜯는 꼴이 게다리 물어 뜯듯하니
지켜보는 입입마다 이전투구 구경하며 잘한다 응원까지

복권

호들갑을 떨던 친구 나 복권 당첨 됐다
옆에 있던 친구 부러워하며 얼마짜리니? 궁금해 죽겠는데
히히히, 그것도 연거푸 두 장 500원짜리야

북한 화폐 개혁

시민들 돈 10만원만 바꿔주고

나머지는 인 마이 포켓

과연 상품가치 100대 1로 떨어져 공산낙원 이뤄질까?

북한 어뢰

7년 전 것은 4번인데
천안함 것은 1번, 서열도 위력도 으뜸인 1번
어뢰 터트려놓고 오리발 내밀다니, 하는 짓마다 쯧쯧

결정타

천안함 사건 유엔 안보리 통해 상정하긴 했는데
천안함보다 더 큰 중·러 함대가 가로 막고 있으니
외교라는 것도 힘 앞세워야 하는데 그게 없으니

김정일 동상 숭배

김정일 김정은 대동하고
4·15 김일성, 2·16 김정일 생일 맞아 불꽃놀이
평양 10만 채 주택건설 김정은 몫이라고 놀고 있네

한나라당 제주도 철수

죄를 지었으면 물러날 줄 알아야제
와 이때다고 무소속 살판났네
거북이와 토끼 경주하듯 도지사 경주 볼만하네

위안화 절상

위안화 돈 오르면 물가 오를 것이고
반대로 달러는 맥 못춰 경제 타격 불 보듯
강 건너 불구경만은 아닐 듯 싶은 게 우리네 처지

북풍 회동

5월 5일 후진타오와 김정일 포옹할 때

2010년 5월 46위 실종 주검으로 돌아옴

북경과 북한 숨바꼭질 왜? 북한 출구 베이징에 있었나?

요즘 시대

욕은 끈끈한 타액 같은 것
저 웬수 나가 죽어라 해도 집 안 나간 옛날 사람들
요즘 신주단지 모시듯 한데 왜 나가 죽지!

한치 앞을 모르고

젊은이는 여름에 핀 꽃과 같고

노인은 들에 핀 풀과 같아서

언제 풍우에 뽑혀 나갈지 한치 앞을 모르고 사는게 인생인걸

대학생들의 MT

마시고 토하는 것이 MT라나
알고 보면 스트레스의 연장일 뿐
대학 입시 공부 머리로 잘 풀어봐, 답도 토해질테니

신 후보들의 말·말·말

1조원 투자 일자리 10만개 만들기
유아원 늘리기 친환경 무료 급식
여지껏 그 좋은 文言들 왜 못 찾았을꼬

시 교육감 선거는 로또

정말 우스꽝스런 선거

누군지도 몰라, 생긴 것도 몰라, 업적도 몰라

몰라 몰라 모르고 찍은 표가 탄생시킨 높은 자리 교육감

선거 남발

지방 선거 방송사 예측 여론 조사
수도권에선 한나라당 우세 배 아파서 안 되겠다
갈아보자 못살겠다 갈아봐야 더못산다 어느것이 처방전일지

지역 막걸리 신세

대 기업들의 횡포
벼룩이 간을 내어 먹지
도와주지 못할 값에 쪽박이나 깨지 말지

해외 원정 도박

해외 원정 VIP 도박장엔

김치, 김밥이 도박 도우미라는데

검은 눈물, 피눈물 뚝뚝 망신살도 가지가지여서

단절된 세계와 우주 세계

책상 위에 앉으면 나 혼자요
컴퓨터 열면 우주 세계요
화엄경을 여니 책상도 컴퓨터도 아닌 부처님이 보아시네

설계

삶을 설계해도 죽음을 설계하지 않는다구요
사는 것은 불확실 하나 죽는 것은 확실하니까
확실한데 수고롭게 설계할 필요가 없죠

비어 있다는 것

한손이라도 비어 있어야 남과 악수라도 하고
텅 빈 마음이라야 누군가를 받아들일 수 있나니
空이었을 때만이 채울 수 있는 것이 곧 행복인 것을

G2의 고민

미국이 대만에 무기 팔아 장사하고
이익 앞두곤 친한 친구와도 싸우는 법
엉큼한 중국이 잡은 손 언제 놓을 지 그게 궁금해서

김정일 3월 중 중국 방문

화폐개혁 후유증, 육자 회담 참석 유무
적극적 외화 유치, 두만강 하류 개발 등등
그 놈의 흑심은 며느리도 몰라야

교육감의 비리

제멋대로 육교 놓고 장학사 엉터리 선생님 무사통과
입법, 사법, 행정 철봉에서 턱걸이 통과 꼴불견
스승의 그림자도 밟지 않는다는 옛말이 하 그리워서

집안싸움 안 되길

LG 이어 삼성도 2020년까지 23억 투입
자동차 전시 바이오 제약 의료기기 투입
제발 두 손 잡고 세계 1위 나란히 나란히

중국 투자 합작

북은 남쪽 압박하고 중국은 들어오라 손짓하고
그 놈의 시커먼 속셈
국산 하이타이 맛 좀 봐야겠나

4월 국회

事月국회냐 死月국회냐

임시 국회, 추경예산국회, 서민구제, 백수구제 등등

말만 구제구제 해쌌더니 진짜 구제역에 걸리면 어째

하품

사람과 가장 소통이 잘 되는 동물은 犬公
개만이 주인의 하품을 따라한다네요
아서라 本妻와 妾사이는 죽어도 같이 하지 않는 하품

곡예 다리

일본 나라 하야시(林)현 다리 127km
또 한 집만을 위해 한사람만 건너는 다리
세계 명물 구경 가세

우리

너도 아니고 나도 아닌
너와 나를 합치면 우리란 말 되지
어머니 아버지 다음으로 귀한 말 우리

이상한 나라 · 1

김정은을　위하여
속전속결 없는 자리도 만드는 북한
신비에 싸인 공산주의보다 한술 더 뜬 신비주의 나라

이상한 나라 · 2

스물여덟 애숭이가 대장이라니
이상한 나라의 엘리스도 아니면서
三代 세습이란 한판 퍼포먼스 구경꺼리 벌이는 북한

약소국가의 비애

전자제품 쓰레기를 기부합니다, 허울 좋은 구호지
태우고 남은 전선을 팔아 연명하는 가난뱅이 후진국
다이옥신 유해물질에 생명 단축되는 줄도 모르는

중소기업의 비애

중소기업 弱小기업으로 만든다는 정부
듣던 중 귀가 솔깃한데
대기업들의 投心을 한 참 아래로 내려놓으셔야 될걸요

전투화 12만 켤레 리콜

일반 구두에도 쓰지 않는 락스 성분 발견
더 웃기는 것 못 세게 박아 신으라고요
國防部라는 아가리에 락스 팍팍 처 버려

누가누가 이기나

중국은 미국 닭고기
미국은 중국 동파이프 덤핑 맞불
누가누가 이기나 불구경 좋다마는 그 불똥 언제 튈지

백기 든 사무라이

중국과 경제력 과시인가
미국 업은 일본 큰소리 땅땅 치다 백기 들어
역시 힘이 최고여 최고

스폰서 검사

특검 결과 4명 기소로 막 내려

어진 백성들

검사님 믿어야 될지 안 믿어야 될지 그것이 문제여서

지구 반대편에서 무슨 일이

아프리카 시애라리온에서

외발로 축구선수가 된 소년과

손 하나로 모델 되겠다는 해맑은 소녀의 인간 승리에 박수

■ 시집 평설

諷詩調 시법 스스로의 시에 실천

박 진 환

(시인 · 문학평론가)

諷詩調 시법 스스로의 시에 실천

박 진 환
(시인 · 문학평론가)

1. 전제

추영주 시인이 들고 나온 諷詩調集 타이틀이 『요즘 세상』이다. 우선 시집 타이틀인 『요즘 세상』부터 짚고 넘어가야 할 것 같다.

요즘이란 요즈음의 준말로서 '당면한 때'나, '당면한 시기', 혹은 '당면한 현실', '시대', '세계'로 요즈음이란 시간적 공간을 우주적 공간으로 확대해 볼 수 있다.

'세상'도 예외는 아니다. 축소 개념과 확대 개념으로 그 의미역을 이원화해 볼 수 있기 때문이다. 전자적 개념으로는 '생활'하거나 활동하고 있는 '사회'라는 축소 공간으로 해석해 볼 수 있고, 이와는 달리 '인류가 살고 있는 지상, 곧 天上과 天下 중 그 후자적 개념으로 확대해 볼 수 있기 때문이다. 이러한 二分法的 해석을 화자는 시로 말해주고 있다.

권세도 5년 이상 못 버티고
꽃도 5일은 더 못 버텨
그래서 빨리 빨리 요즘 세상사

수록시 「요즘 세상」 전문에서 읽을 수 있는 '권세'라는 인위적 시한을 5년, 자연 질서인 꽃의 삶을 5일로 규정, 더 이상 지속될 수 없음을 제시하고 있는데 이는 시간적 지속력이 '5년'이건 '5일'이건 둘 다 '버티지' 못하고 소멸된다는 유한성을 말해 주는 것이 된다. 그래서 '빨리빨리'라는 재촉하는 촉구형으로 세상사를 진단하고 있는데 이는 지속성과 연속성을 상실하고 살아가는 순간적 삶과 찰나적 삶에 길들여 가고 있는, 영속적 삶에서의 피투되고 단절된 비극적 삶을 말해주는 것이 된다.

일찍이 莊子는 인간 세상은 고금에 변함이 없다는 뜻으로 古猶今이라는 말을 썼다. 일종의 연속성의 원리에 빗대이는 우주적 해석쯤이 된다. 그러나 이와는 달리 법구경에선 세상을 꿈과 같은 것이라고 불연속의 원리로 풀이하기도 한다.

전자나 후자의 견해 중, 어느 것이 맞고 틀리다는 정오의

기준을 확답으로 제시할 수 있는 전거는 그 어디에도 없다. 그것은 세상을 살아가면서 체험하는 각자의 경우가 전자적일 수도 후자적일 수도 있기 때문이다.

요즘 흔히 듣는 귀에 익은 말들도 예외는 아니다. "세상 참 좋아졌어" 라든지, "살만한 세상이여"는 전자적 입장을, "이놈의 세상 더러워서 못살겠다" 라든지, "이게 어디 사는 것이여 지옥살이지" 하는 것은 후자적 입장을 대입시켜 볼 수 있게 하는 것들이다. 다만 서로 다른 입장의 표현에도 불구하고 같은 것이 있다면 '산다'는 생의 조건으로서 긍정과 부정이란 점이다.

세상을 보고 살아가는 삶의 양태는 각기 다르다. 그래서 불가에서는 세상을 苦海라고 했는가 하면 영국의 월 포울 같은 작가는 "세상을 생각하는 사람에게는 희극이며 느끼는 사람에게는 비극이라는 상반된 양극성의 것으로 말하기도 했다.

분명히 세상은 주어진 시대나 현실, 종교나 문화, 철학이나 도덕적 해석에 따라 얼마든지 달리 보고, 달리 해석할 수 있고, 달리 규정하거나 명명할 수도 있게 한다.

'세상은 마음 가지기에 달라 질 것'이란 영국 속담이나 '눈 감으면 코 베어 가는 세상'이란 한국 속담은 이를 잘 말해주는 것이 된다.

일찍이 李箱이 새가 공중에 떠 세상을 내려다 본다는 뜻으로 쓰인 오감도를 새 鳥자에서의 새눈격인 획 하나를 뽑아 버리고 가마귀 烏자를 써 오감도라는 조어로 1930년대 일제 강점기의 빛을 잃고 어둠 속에서 살아가야 했던 피지배 민족의 출구 없는 영어된 절망을 노래했던 것도 같은 이치에 속한다.

빛을 잃어버린 시대, 군국주의의 포위망에 갇혀 영어된 현실, 그래서 컴컴한 어둠 속에서 절망할 수밖에 없었던 삶을 색맹연대로 보았던 이상의 진단도 마음먹기에 따라 달리 볼 수밖에 없었던 시대적 현실의 해석이 아니었던가.

이러한 전제는 추영주 시인의 諷詩調集 타이틀이 『요즘 세상』이란데서 요즘과 세상을 풀이해 보기 위한 도입부에 불과하다. 그렇기는 하나 이러한 전제가 시집 타이틀의 해석을 위한 것만은 아니다. 시인이 제시한 『요즘 세상』을 화자는 어떻게, 느끼고, 생각했으며 또 어떻게 해석하고 있는가를 들여다보기 위한 전제에 불과하다. 그보다는 시인이 스스로의 눈에 비친 주어진 시대나 현실, 그리고 몸담고 살아가고 있는 시대적 삶을 어떻게 시로써 진단하고, 고발하고, 비판하는 통징의 감행으로 형상화해보여주고 있는가에 접근해 보기 위한 징검다리를 놓았다는 뜻이다.

이쯤에서 諷詩調集 『요즘 세상』으로 돌아가 보기로 한다.

주지하시다시피 諷詩調의 생명은 '순수한 痛懲'의 감행으로 척도 된다. 통징이란 잘못에 대한 질타를 의미한다. 그 때문에 잘못에 가해지는 징벌이자 응징이 되게 되는데 문제는 징벌이나 응징이 법적, 물리적 수단에 의존되지 않고 '순수한 통징'이 문화적 수단에 의존된다는 점이다. 문화적 응징이란 정신적·정서적 응징, 곧 예술을 통한 징벌의 감행이란 뜻인데 諷詩調는 시를 통한 통징의 감행이란 점에서 문화적 수단을 빌어 잘못을 응징하고 징벌하는 것쯤이 되게 된다.

시는 의미의 전달도, 가르침을 위한 수단도, 그렇다고 감정이입이나 사상적 판단을 요구하는 언어적 기능이 아닌, 감동을 통한 정신적 카타르시스를 체험하게 함으로써 악의 교정이나 감화를 통한 개선의 의도를 중시하는 일종의 언어수단이다. 諷詩調는 바로 이러한 감동이나 감화를 통해 획득되고 체험 할 수 있는 카타르시스의 시적 효용을 중시하고 이를 '순수한 통징'을 빌어 실현내지 실천하고자 하는 언어예술이다. 이점에서 諷詩調는 통징을 시법의 제1조로 내세우고 있다.

그 뿐만이 아니다. 諷詩調는 '순수한 통징' 외에도 양극화나 양극의 대립과 갈등을 고조시켰다가 이를 시적 화해의 질서로 합일시킴으로써 긴장의 해소를 통한 정신적 안정과 감동으로서의 쾌감을 체험하게 해주고, 동시에 양극의 상충적 요소를 결합 내지 합성시키는 상상적 능력과 위트의 기발성이라는 상보적 정신 능력의 산물인 컨시트를 통해 충격적 감동과 함께 경이로움을 체험하게 하는데 기여 하기도 한다. 그리고 언어예술의 진수를 맛보여주는 언어적 기교인 PUN을 동원, 시적 유희와 재치를 맛보게 함으로써 시를 읽는 즐거움을 배가시켜 준다.

이러한 시적 역할과 효용을 담당하고 있는 것이 諷詩調이고, 이러한 諷詩調를 통해 시의 맛과 멋은 물론 정신적 카타르시스를 체험하게 해줌으로써 악의 교정이라고 하는 시적 역할에의 충실을 추영주 시인은 『요즘 세상』이란 諷詩調集으로 보여주고 있다. 이쯤에서 시로 돌아가 보기로 한다.

2 諷詩調集 『요즘 세상』의 미학

전제에서도 밝혔듯이 추영주 시인의 諷詩調集 『요즘 세상』에 담긴 미학은 여러 측면으로 제시될 수 있을 것으로 본다. 그 첫째가 양극화의 미학이다.

주지하다시피 양극화란 서로 상반되거나 대립되는 상충의 요소를 맞닥뜨리게 하여 스파크를 일으키게 하는, 시적으로 풀면 서로 다른 상반된 두 요소를 충돌시켜 긴장을 고조시켰다가 이를 화해로운 시적 질서로 이끌어냄으로써 시적 효용

을 극대화하고자 하는 일종의 레토릭이다

일찍이 형이상시인들이 즐겨 썼던 시법으로서의 양극화는 양극의 충돌로 점화시킨 스파크에 의해 휠라이트가 지적했던 것처럼 시적 광채를 발산하게 하는 언술, 곧 언어를 다루는 기술로도 받아들이게 하는 레토릭의 하나다. 시를 제시했을 때 이해를 도울 것으로 본다.

가)

마음 닦으면 다이아몬드
닦지 않으면 숯덩이
숯과 다이아몬드는 같은 탄소이지만 빛과 암흑이지

나)

한손이라도 비어 있어야 남과 악수라도 하고
텅 빈 마음이라야 누군가를 받아들일 수 있나니
空이었을 때만이 채울 수 있는 것이 곧 행복인 것을

다)

배고픈 것 참아도 배 아픈 것은 못 참는다 했던가
가진 자만 배 불리다가 펑하고 터지지 말고
민초들 고파 아픈 배 쓰다듬을 줄 알아야

예시 가)는 「法頂 스님의 말씀」, 나)는 「비어 있다는 것」 다)는「감세 정책」의 각각 전문이다. 예외없이 예시마다 양극화내지는 양극성의 것들이 상반이나 상충의 관계로 맞물려 있다. 그 때문에 갈등을 필연화하고, 필연화한 갈등이 긴장과 초조와 불안 따위의 불편한 관계를 수반하게 된다. 문제는 이 불안·긴장·초조를 유발하게 하는 상반·상충의 대립성을 화해로운 관계로 이동 내지 결합시켰을 때의 긴장·초조 ·불안의 해소를 통한 안정감이 체험하는 정신적 쾌감이다.

시적으로 말하면 감동으로 불려질 수 있는 이 쾌감은 상반·상충이 결합되었을 때의 쾌감이란 점에서 양극성이 전제되지 않고서는 맛볼 수 없는 시적 감동이다. 이 점이 다름 아닌 양극성의 시적 효용인데 추영주 시인은 諷詩調의 조건이자 충족요건인 양극성을 빌어 이를 자신의 시에 실천하고 있음을 예시들은 보여주고 있다.

예시 가)는 정신적 수양 내지 수도에 의해 빛을 발산하는 정신 현상을 '다이아몬드'로, 그러지 못했을 때의 정신적 어두움은 '숯덩이'로 양극화하고 있다. '정신'이란 형이상적인 것을 '다이아몬드', '숯덩이'로 物化시켜 '정신'과 대응시킨 것도 양극화라는 점에서 형이상시의 시법과 궤를 같이 한다고 할 수 있다. 그러면서 두 사물은 '빛'과 '암흑'이라는 내면적 정신 풍경으로까지 펼쳐지고 있어 정신과 물질의 상충성을 교묘

히 합일시켜 주는 시적 질서를 이끌어 내고 있음을 보여주고 있다.

예시 나)는 '비움'과 '채움'이라는 空을 통한 득도적 정신 산물임을 보여주고 있다. '비우지 않고는 채울 수 없고, 채우면 다시 비운다'는 空觀의 경지라고나 할까, 反常合道라고나 할까, 어떻든 非有非無와 같은 정신적 경지에서만 획득될 수 있는 자족과 자족의 다른 표현인 행복의 이치를 말해주고 있다. 예시 역시 '비움'과 '채움'이라는 양극성의 것을 정신적 경지로 이끌어 올려 합일시킴으로써 행복을 체험하게 하는 양극화의 시적 이치를 말해주는 것이 된다,

예시 다)도 예외는 아니다. '배고픔'과 '배부름'이라는 상반의 양극성을 통해 가진 자의 배부름쪽에 서는 편향성을 극복, 배부른자와 배고픈 자의 화해로운 결합과 합일을 촉구함으로써 양극화를 보여준다. 앞의 예시들이 정신적 양극화였다면 예시 다)는 물질적 레토릭의 구사였다는 것을 읽게 해준 것이 된다.

양극화가 두 극성의 상반·상충의 이질적 요소의 결합을 통한 시적 원리에 의존했다면 상반·상충의 이질적 요소를 결합시켜 새로운 시의 질서에 기여하는 또 하나의 시적 기능으로서의 레토릭이 컨시트다.

컨시트는 기발한 착상으로 잘 알려진, 형이상 시인들이 즐

겨 썼던 시법의 하나다. 의외적이고 당돌하고, 엉뚱하면서도 충격적 기발성으로 받아들이게 하는 레토릭으로서의 컨시트는 諷詩調에서도 매우 중시하는 시법의 하나로 차용하고 있다.

아무리 양극화가 합일할 수 없는 동떨어진 것이라 할지라도 이를 결합시키거나 합성시켜 시의 새로운 질서에 기여하지 못하면 그저 양극성으로서의 상반·상충으로 그칠 수밖에 없어 시적 결구력이나 결구력을 통한 재구성의 묘미가 안겨주는 시적 감동은 체험할 수 없게 된다. 컨시트는 바로 이러한 감동을 체험하게 하는 상상력과 순발력으로서의 위트라는 인간 정신의 내면적인 힘에 의해 상보적으로 작용하는 시의 기능이라는 점에 유념해야 한다.

추영주 시인의 시적 기발성은 바로 컨시트에 값하는 PUN의 활용에 의존하고 있다. 펀은 흔히 동음이의나 동음이자의 언어유희라는 단순히 언어 기능쯤으로 이해하려고 하나 시에서의 펀의 구사는 언어유희의 한계를 초월한다. 그것은 펀이 기발성으로서의 충격과 함께 시의 감동을 체험하게 해주고 있기 때문이다. 추영주 시에서의 펀은 바로 이러한 레토릭으로서의 컨시트에 값하는 역할로 제시되고 있는데 시를 제시했을 때 이해를 도울 것으로 본다.

가)

事月국회냐 死月국회냐
임시 국회, 추경예산국회, 서민구제, 백수구제 등등
말만 구제구제 해쌌더니 진짜 구제역에 걸리면 어째

나)
의원님들끼리 서로 조사하기
그것도 모자라 부인들 뒤까지 캐다니
놀랍군, 寺刹이라기에 절에 가는 줄 알았더니 등뒤 살피기라니

다)
음악과 연주와 공감이라는 3박자
3각형, 3각 구도사진, 33천, 33종, 33인 독립투사
3월삼짇날 쑥떡먹기 그 고운말 두고 꼬부랑혀 3겹살day라니요

예시 가는「4月 국회」, 나)는「査察이냐 寺刹이냐」, 다)는「3겹살 day」의 각각 전문이다. 재치 있는 편의 차용이랄까 활용이 돋보이는 예시들에서 볼 수 있듯이 단순한 동음이의나 동음이자의 밖으로 드러난 언어유희가 아니라 그 이면에는 징벌이나 응징 못지않는 순수한 통징을 감행하고 있어 풍시조의 효용을 극대화하는 레토릭의 역할과 효용을 동시에 해주고 있음을 읽게 해 주고 있다.

예시 가)에서의 국회 일정도 제대로 잡지 못하고 허송세월

하며 세비나 챙기고 있는 국회에 대한 국민의 곱지않은 시각은 비단 어제 오늘 일만은 아니다. 국회 무용론까지 나올 지경이면 곱지 않게 흘겨보는 사시의 각도를 짐작케 하고도 남은 바 있었다.

화자는 이러한 산적한 안건 처리를 앞에 놓고도 열리지 않는 국회를 '事月' 곧 일을 하자는 거냐 아니면 '死月' 곧 이 달도 죽어버린 채 넘겨 버린 도피냐로 힐책하면서 통징을 감행하고 있다. 임시 국회, 추경 예산 국회, 서민구제, 백수구제 등등 산적한 민원안건을 놓고 구호로만 구제 구제하다 '死月' 국회 못 면하니 그러다 구제역에 걸리면 어찌할 것인가 하는 안타까운 국민 심정을 토로하고 있다.

문제는 이 토로가 '事月'과 '死月', '구제'와 역병 '구제'로 동음이의와 同音異字인 펀에 의존하고 있다는 점이다. 그러면서도 단순한 언어유희가 아닌 무능한 국회를 질타하는 응징이 '순수한 통징'의 값으로 이루어지고 있다는 점에서 언어유희 차원을 초월하는 레토릭이란 점을 성립시킨다.

예시 나)는 최근 들어 총리실에서 기업인은 물론 국회의원 부인들을 내사해 문제가 된 일이 있었다. 이 사건을 '査察'로 규정하고 '사찰'과 동음이자인 '寺刹'에 연계시켜 펀을 성립시키고 있는데 재치와 순발력이 재빠르게 이동시킨 위트가 이끌어낸 컨시트라고 할 수 있다. 그러면서도 諷詩調의 역할에 충실, 통렬한 통징의 감행을 빠뜨리지 않고 있다.

예시 다)도 예외는 아니다. 숫자 '3'의 자유 연상을 빌어 '3각형' '3각 구도사진', '33천', '33종', '33인 독립투사'로 이동시키는 순발력으로서의 위트와 이를 시적 질서로 엮어 의외의 '3겹살 day'로 연계, 재구성 해내는 원인적 비유라고나 할까, 순발력이라고나 할까, 순발력을 통해 획득해낸 컨시트라고나 할까가 잘 드러나고 있다. 그러면서도 종국에는 이를 통징으로 이어내는 諷詩調에 충실은 추영주 시인의 시적 능력 , 특히 諷詩調에의 신뢰가 획득해낸 시적 설득력이라고 해야 할 것 같다.

끝으로 통징의 감행은 더 다양하고 폭넓게 감행되는데 이 또한 시를 제시했을 때 이해를 도울 것으로 본다.

가)

자기 환경 극복 잠재력 있는 학생 뽑기
시험도 없이 학생을 뽑는다니 학생 천국 좋네마는
공정성 못 살리면 거꾸로 천국 아닌 지옥되제

나)

마시고 토하는 것이 MT라나
알고 보면 스트레스의 연장일 뿐
대학 입시 공부 머리로 잘 풀어봐, 답도 토해질테니

다)
북은 남쪽 압박하고 중국은 들어오라 손짓하고
그 놈의 시커먼 속셈
국산 하이타이 맛 좀 봐야겠나

예시 가)는 「입학사정관제」, 나)는 「대학생들의 MT」, 다)는 「중국 투자 합작」의 각각 전문이다.

임의로 골라 제시했지만 『요즘 세상』에 수록된 100여 편의 시가 예외 없이 '순수한 통징'의 감행으로 일관하고 있다.

예시로 돌아가 보자. 예시 가)는 교육 문제 중 입시제도와 이에 수반된 사교육비 문제 등 여러 교육 현안들에 대한 비판의 목소리가 높다. 예시는 바로 그중 입시문제를 다루고 있는데 입시 없이 사정만으로 선발하는 입시 제도에 누구나 학생이 될 수 있어 그야말로 입시준비에서 해방된, 학생쪽에서는 '학생 천국'이 될 수밖에 없게 된다.

그러나 공정한 사정이 아닌 만연한 비리 못 버려 부정으로 입학시키면 백년대계에 역행 '학생 천국'이 나라 망치는 '학생 지옥'으로 퇴락할 수밖에 없게 된다. 그리고 이러한 진술은 비리·부정·부패라는 한국적 교육 풍토에서 얼마든지 기능하고, 또 넘겨 진단해 볼 수 있는 부분이기도 하다. 이러한 교육 풍토와 부정부패의 만연된 악행에 던지는 통징을 구호나 성토나 함성이 아닌 시로써 감행하고 있다는 점에서

'순수한 통징'을 성립시켜주고 있다.

예시 나)는 입학 후의 대학 풍속의 하나인 MT를 꼬집고 있다. MT하면 술로 연계되고, 술 하면 사고로 이어진다. 사고의 대부분은 과음을 이겨내지 못해 토해내는 토악질을 필연화하는데 이 토악질에 연계되는 연상, 곧 순발력을 빌어, 잘못된 관행에 대한 답변도 토해보라는 엉뚱한 사실로 통징을 간접화 하고 있다. 이 간접화된 통징이 다름 아닌 '순수한 통징'이다.

예시 다)는 화자의 시각이 국내 문제인 교육적인 것에서 나아가 국제적 문제로 이동된다. 남북관계를 비롯한 대중·대일·대미관계 등 세계는 울타리가 없는 지구촌의 글로벌 시대를 연출하고 있다. 그 때문에 홀로는 살 수 없는 다변화된 외교를 필연화하고 있고 이에 편승한 것이 국가와 국가는 물론 국제 관계다.

대국으로서의 위상을 확보한 중국은 패권주의를 걱정할 만큼 군사·경제적 위협으로 초강대국의 반열에 서 있다. 그 국력과 경제대국의 힘을 앞세워 경제침략을 보이지 않게 감행하고 있다. 이를 화자는 '그 놈의 시커먼 속셈'으로 지켜보면서 시커먼 속셈을 헹궈낼 '국산 하이타이 맛'을 내세운다.

이 의외의 발상을 통해 대국에 대한 백 천 마디 보다 효용이 큰 경계·경각심을 일깨워 줌으로써 경제침략을 향해 통징을 감행한 셈이다.

이상에서 볼 수 있듯이 예시들이 감행한 통징은 법적·물리적 행동차원의 응징이 아닌 문화적 정신적 징벌로 대신되고 있음을 시집은 보여주고 있다.

3. 결어

이 문화적 징벌인 '순수한 통징'이 諷詩調를 대표하는 시법이자 諷詩調를 시로써 존재할 수 있게 하는 생명력이다. 추영주 시인의 諷詩調集 『요즘 세상』은 바로 이러한 생명력을 언어의 꽃잎으로 승화시킨 화환에 값하는 시적 성과를 거두었다고 할 수 있을 것 같다.

•

추영주 시인은 부산 출신으로 『조선문학』에 시가 당선되어 문단에 데뷔했다. 한국문인협회, 조선문학문인회, 형상21 시문학회 회원으로 활동하고 있으며 『조선문학』 작품상을 수상했고 시집에 『서투른 외출』, 『이마로 연 길 가슴으로 걷기』, 諷詩調集 『요즘 세상』이 있다.

•

조선문학시인선 • 280

요즘 세상

2010년 10월 10일 인쇄
2010년 10월 15일 발행

지은이 / 추영주
발행인 / 박진환
펴낸곳 / 조선문학사
등록번호 / 1-2733
주소 • 110-092 서울 서대문구 홍제2동 96-4
대표전화 / 730-2255
팩스 / 723-9373

ISBN 978-89-93614-40-4

정가 8,000원